द्विbhashyam- प्रवृति एवं प्रकृति

Poems of Devdars and Life

Veer Bhushan

BookLeaf Publishing
India | USA | UK

Made with ❤ on the BookLeaf Publishing Platform
www.bookleafpub.in
www.bookleafpub.com

Dedication

Dedicated to my late parents Maj. Satya Bhushan Gupta and Dev Lakshmi Gupta who not only brought me to this world and nurtured me but also imparted the values of humanitarian sensitivities.

I also dedicate this to my life partner, मेरी दुख सुख की साथी, Ramita, as beautiful as her name, deep to her soul; who has stood and walked with me in all times, tranquil and turbulent.

To my lodestones, my lovely children Avyaya (Sunny) who adds to my energy and lights up my world and Shruti, who embodies the wisdom of ages.

Preface

जीवन की इस डगर पे चलते
कई भाव हैं मन में उठते
मन का सागर है खाता हिलोरें
लहर कभी झंझा सी उठती
कभी शान्ति दे जाती मन को।

उन भावों को व्यक्त किया है
भिन्न भिन्न भाषा में मैंने
अलग अलग स्वादों को चख कर
दिल के कोनों में जा जा कर
थाल में रखकर उन भावों को
बस रक्खा है संजो के मैंने।

आशा मैं अब यह करता हूँ
भावों को व्यंजन मानेंगे
चख कर अपने भाव रखेंगे
कुछ बोलेंगे,
कुछ जन चुप्पी साध के तब भी
प्रेम से वे सब ग्रहण करेंगे।

हिन्दी मेरी मातृभाषा है, परन्तु किसी भी भारतीय की तरह, who has acquired the skill in the English language, मस्तिष्क में द्विभाषीय होना स्वाभाविक है. मेरे मन में भी समय समय पर ये

विचार इन भाषाओँ में उठते हैं जिन्हें मैं अपनी लेखनी में प्रयुक्त करता हूँ।

यही कारण है कि आपके समक्ष मैंने अपनी रचनाओं को unfiltered रखने का प्रयास किया है. सभी रचना मेरी अपनी original हैं. आशा है आपको मेरा ये प्रयत्न पसंद आयेगा।

धन्यवाद, thank you all.

Veer Bhushan

Acknowledgements

Acknowledgement

I would like to acknowledge this world in which we live, nature that surrounds us. I feel that I am blessed to be born in Bharat that is India, a land where we are immersed in love for humanity.

I acknowledge the life that has been mine to live, the friends and relatives who make my microcosm. All the above make my lived experiences that I embody.

I acknowledge the profession that I pursued and the patients whom I treated, for they have opened my eyes and being to the wonders of science and that of God.

I acknowledge the progress of science, that in my lifetime has made me experience the capacity of humans to translate their thoughts to action. That has allowed the imagined moon to be physically touched.

I acknowledge Book Leaf for allowing me to be able to publish my thoughts, again from the imagined to be translated in physical reality.

And lastly I acknowledge AI. May it not kill human imagination, originality and enterprise. That is my prayer for the future.

1. सपना

आज माँ और पापा
मेरे सपने में आए
मेरे सर पर
प्रेम से हाथ फेर
एक दूसरे की
आंखों में झाँक
मंद मंद मुस्काये।

जाने उस मुस्कान में
कितने ही भाव छुपे होंगे
ये सोचते हुए
मेरे सपने ने करवट ली
क्या अपनी रची हुई
इस मूरत को देख
वह संतुष्टि की मुस्कान थी
या ये सोच रहे होंगे
कि थकी हुई आंखों में
नींद कितने सुहा रही है।

अगले पृष्ठ पर

खुश होंगे क्या ये सोच कि
कड़े जीवन के द्वंद से थक
सरल नींद का आनंद
ले सकता है उनका पुत्र
क्या उनकी भीनी मुस्कान
मुझे आगे बढ़ने का
होंसला देने का कारण है।

2. कहाँ हो तुम

दोस्तों के जाने का गम
बहुत रुलाता है
क्या कमी थी संसार में
कोई ना बताता है
बस चला जाता है
पीछे रहने वाले को हमेशा
असमंजस में छोड़ जाता है।

सुख में ना हो यार
दुख में तो कुछ कहा करो
अभी तो कुछ दिन पहले
कहे थे कितने किस्से
अपने अपने घाव भी
दिखाए थे कयी।

ऐ मेरे दोस्त
क्या ये दोस्ती हमारी
क्या इतने अपने नहीं थे हम

अगले पृष्ठ पर

की जाने से पहले
अगले पृष्ठ पर
क्यों जा रहे हो
ये कहने लायक भी
ना समझा हमको।

अब चले ही गये तो
दोस्ती की कसम मेरे यार
अपने में खुशी
ढूंढ लेना तुम कहीं।

ये जान लो कि खुशी
अपने भीतर ही पाओगे कहीं
इधर उधर उसकी तलाश
ना करना तुम कभी।

3. क्या ये जिंदगी है

जिंदगी का खेल अद्भुत हैं
जिंदगी की ताल अद्भुत है
कब एक झटका इसे हिला दे
कब हमें कुछ घटना रुला दे
कहना ये है मुश्किल
क्यूंकि जिंदगी का खेल अद्भुत है।

जिंदगी को जीना है जो दोस्तों
तो किसी रोते के आंसू पोंछें
किसी डूबते को पार लगा दें
उसकी मुस्कान में हमारी
अजनबी सी खुशी है छुपी
क्या जिंदगी का यही खेल है।

जिंदगी का खेल अद्भुत है
बहती दरिया सी है ये
बहती रहे रस्ते बनते रहे
यही सच है , यही है ठीक
अद्भुत जिंदगी को जो जीना है
तो तरिका यही है सटीक।

4. जिंदगी चाय है

जिंदगी है इक चाय का प्याला
इसे चुस्की चुस्की पीता जा
गर्म चाय का मज़ा क्या लोगे?

छोटी छोटी इच्छाओं की
चाय की चुस्की लेने से
छोटी छोटी रखने से
क्या खुशियों हम को मिलती हैं।

लो इस जिंदगी का प्याला,
है अब मेरे हाथ में
चुस्की चुस्की अब ले ले कर
चलो परखते हैं जीवन को।

पहली चुस्की भोर की रंगत
मन में आशा लाती है
आने वाले दिन की सूरत
पहले ही दिखलाती है।

अगले पृष्ठ पर

दूसरी चुस्की माँ की सूरत
ममता से नहलाती है
पत्नी का स्नेहिल स्पर्श
है आज की तीजी चुस्की।

और बच्चों की किलकारी
हुई आज की चुस्की चौथी।

प्रकृति की सुन्दर सब देन
नभचर, वायु, चांद व तारे
हरे वृक्ष और वनचर सारे
मंदिर की घंटी के सुर
कलकल बहती नदिया को सुन
एक एक है चुस्की सारी।

बस लेने की देर है भाई
चलते चलते पीता जा
मोहक जिंद को जीता जा
दुख जो आए पास तुम्हारे
आड़े हाथों लेता जा।

दुख में डूबे लोगों के घर,
खुशियो से तुम जब भर दोगे
अगले दिन की चाय का प्याला
मिल जाएगा उस पल में।

5. क्या बयां करूँ

आपका अंदाज बयाँ के काबिल
वो खिलखिलाना बयाँ के काबिल
लट को उंगली पे फिराना
बयाँ के काबिल
और फिर मुस्कुराना
बयां के काबिल।

गर्म सांसों का आना जाना
बयां के काबिल
दाँतों में उंगली दबाना
बयां के काबिल
चुपके से छत पे आना
बयां के काबिल।

बातों को हंसी में उड़ाना
बयां के काबिल
दुपट्टे को हवा में लहराना
बयां के काबिल।

अगले पृष्ठ पर

उफ्फ, रूठ जाना बयां के काबिल
क्या मेरा तुझको ये मनाना
है बयां के काबिल?

6. आशा

प्रकृति ने दूजी चादर ओढ़ी.
हैं रंग अलग, पर रूप वही,
सिम सिम सी खिलती धूप वही
सतरंगी में है नहा रही
हैं देवदार के वृक्ष वही
कल कल बहती नदिया की
इठलाहत, वो भी पहली सी।

पर आज नया कुछ फिर भी है
आशाओं की आहट भी है
शायद मानस करवट लेकर
कुछ नया रचे, चाहत ये है।

7. चक्र

समय का पहिया
जब चलता है ,
अपनी जमीन को
रौंदकर चलता है ,
आगे बढ़ते हुए
पीछे मुड देखना
उसका काम नहीं।
समय बलवान है
समय सशक्त है
समय सत्य है
समय अक्षमाशील है।

इतिहास गवाह है
कि जो कल किसी का था
वो किसी का आज है
और किसी और का कल होगा
समय उसी जमीन पर
घूम के आता है

अगले पृष्ठ पर

ये रौंदी हुई जमीन
कल भी वही थी
आज भी वही है
कल भी वही होगी।

समय समतल करता है
मन ज़मीन और कल
काल में बोता है बीज
और समेटता है फसल
रात और दिन की
सूरज और चाँद की
सुख की दुख की,
हर इक चाल की।

8. सज़ा

दिल की गहराईयों में,
दबे हुए कुछ अंगारे हैँ
राह पे चलते चलते
जिन्हें अपने ही हाथों से
बटोरा है मैंने।

किताबों के पन्नों में रखे
सूखे फूलोँ की तरह,
अरमानों के बुझे हुए
शोलों की राख को,
संजो के रक्खा है मैंने।

जो जिंदगी को झुलसाए
उन अरमानों को
वक्त की हवा में
बिखेर देना ऐ दिल।

अगले पृष्ठ पर

वे रस्ते की उसी
गर्द में मिल जाएंगे
इन्हें अरमान होने की
कुछ तो सज़ा देना।

9. Remembering Sanmoy

Do you know a well bred man,
A man of many hues,
A man who could turn
A parrot blue
Or the sky green as grass
With a puff, it's true.

Of magic I know
he said to me,
I can join two ropes
if them give me thee,
Make a pigeon of you
Or slice you in two
With a Gili, Gili
Or what have you.

A man who could charm,
A squirrel or a mouse,

Continued

Who turned his life,
Into one rocking house,
Some mystery, some lore
This lovely life
Would ever give him more.

He always could snap,
Not at you, no, no, no
It was with his camera
That he could shoot
A lion or a shrew.

Did I say he was a physician,
Certainly a good one
Need I shout,
With sensitivities
And all the soft things,
Burdened with certainly
A physician can't be
No doubt.

Well I could go on
But you know
My cuppa grows cold
If Sanmoy was here

Continued

He would have heated it
I'm told.

To Sanmoy, Humbly
Wherever he is.
Love you my friend.
Love you dearly.

(An ode to a friend, lively and multifaceted, a magician and a physician)

10. Cinderella - a story for all

O Cinderella, Cinderella oh,
Don't you remember
I told you so.

Spreading wings
Dreaming high
Is not your thing
No, no, your end is nigh.

Why do you dream
Of touching the sky
Why do you hope
For a prince, my my.

Work, work and work
Is your destiny

Continued

For how can a bee
Turn into a butterfly.

Cinderella, Cinderella
Came a cry from the sky
Don't you give up hope
For one day you shall fly.

11. Unleash - the child within

Meet me, my dreamy self
Always seeing things
From the point of view
Of an elf.

What a lovely weather
Is today.
The sky so green
And the grass pray
A bright blue.
All Mystical and what
You know,
I just met a butterfly
Singing as it flew.

In my world
I travel the windy waves

Continued

One isle to the next anon
Fly on the wings of swans
To vacation on the moon
I dance with mermaids
on high tide
And sing with nightingales
On Barmy nights.

I feast on ice cream
Made of clouds
And drink the mead
Brewed by bears
indeed
I love to sleep
On boughs
Swaying in the breeze.

Alas but dreams
are for the night
And all good things
Sometimes come to naught!

But I tell you my friend
Dream all that you can
It has the power to change

Continued

Dark night to colorful day
And then win back
The imagination of a child.

12. A song of Love

Will you be my muse
My dormant desires
To awaken.

Be music to my songs
That lurk in the depths
Of my heart.

Will you be my muse
Filling colors
in the canvas of my life.

Will you be my muse
My love.

13. Promissory Note

I'll forgive the world around me
Be kind to those
Who have but no kind words
Empathy, I will let it fill my mind
When I see pain
And suffering of mankind.

I'll give solace to those who need,
Then and there, when and where
For I have seen and borne
Pain, gore and suffering round me
Days after months year after year.

But into a new happier world ,
O Lord, let me tomorrow tread.

14. बरसात की एक रात

रात के बियाबान में
सन्नाटे को गहराती
झींगुर की आवाज।

बारिश की बूँदें
टीन की छतों पे
सिसकियों ले
कुछ कहती हैं
हौले हौले।

देवदार चुप, हवाऐं गुमसुम
नदी में नागों का खेला है
आकाश में उठी चिंगारियां
बादलों का मेला है।

घरों में टिमटिमाते दिए
बियाबान को चीरते
भोर के पहरेदार
चेताते हैं हिम्मत देते
करते हैं सुबह का इंतजार।

15. मिलते रहना

चलो आधी सदी के बाद हम मिले तो सही
कुछ धुंधली हुई यादें सांझा हुई तो सही
अपने अपने चक्रव्यूह में फंसे हुए
तेज रफ्तार जिंदगी की दौड़ से निकले तो सही।

अपनी अपनी जिंदगी से समय निकाला तो सही
यादों के पन्नों की धूल को हटाया तो सही
कुछ अनजाने से चेहरे पहचाने से लगे हमें
चलो हमने मिलने की कोशिश करी तो सही।

सही करने की चाह ही होती है बड़ी
आगे भी इस राह पर चलने की इच्छा जगाये रखें
कुछ अपनी जिंदगी से समय निकालें तो सही
मिलने मिलाने का ये अनुक्रम बनाए तो सही।

16. दुख सुख की बिसात

आंखों में उमढ़ आते बादल
गहराईयों में मेघों का गर्जन
कौंधते हैं मन में विचार
चिंगारी बन बन
भरता हैं मस्तिष्क में
अनबुझे दिल से उठता हुआ
धुआं-धुआं, धुआं-धुआं।

याद आते हैं अनगिनत वो दिन
अंधकार में डूबे हुए वो विचार
जो यादों की उँगलियाँ कुरेदती हैँ
बुझे दिल के अरमानों की राख से
जो लंबी जिंदगी को सहते सहते
इकट्ठा किए हैँ इस मन ने ।

रात के अंधेरे सिसकियाँ ले
सुनाते हैं कहानियाँ
जो दिल में दफन करी हैं उसने

अगले पृष्ठ पर

कुछ अधबुझी प्यास की
टूटे हुए रिश्तों की
कुछ सोये हुए जज़्बात की।

क्यों मानुष हमेशा अंधेरे ढूँढता है
दुखी मन की कथा सहेजता है
क्यों डूबता है उन गहराइयों में
क्यों दुखी गीत गाता है
क्यों खुद को यूँ सताता है
क्यों प्रश्नन नहीं करता अचेतन मन से।

क्या कभी किसी का दुख नहीं हरा है
किसीके दिल को हथेली से न सहेजा है
कभी प्रणय के पल उसे स्मरण नहीं
क्या बच्चों की किलकारी उसे याद नहीं
क्या रोते हुए को हंसाया नहीं उसने
क्या सोते हुए को कभी चेताया नहीं।

जिंदगी दुख सुख से बनी बिसात है
यहाँ दुख काले और सुख सफेद शतरंज के टुकड़े हैं
इंसान किस्मत औऱ मेहनत से खेलता है इसे
कभी सफेद और कभी काला टुकड़ा जीतता है
पर खिलाड़ी कभी हताश ना होने पाए
ये तो बस खेल है बस खेलता जाए।

रात और दिन का चक्र युंहीं चलता है
अंधेरे के बाद उजाला होता है हर दिन

हर बादल का किनारा सुनहरा होता है
यूँही अपने मन को डुबाना ना कभी
ये ना भूलो तुम कभी
तुम ईश्वर हो, तुम्हीं हो सत्य, हो तुम्हीं सुन्दर
इसी विश्वास से जीतोगे तुम।

17. एक अनोखी मुलाकात

आज मेरी मुलाकात,
अपनी आवाज से
अनायास हुई।
हैरान हूॅं, एक सिसकी भर
रह गई है वो।

मैंने पूछा क्या हुआ है तुम्हें
पंछियों की चहचहाहट व
पहाड़ी नदी की कलकल लिए
हमेशा गीत गाने को
मचलती रहती थीं तुम।

एक लंबी साँस भर
बोली वो मुझे, हौले से
समय के साथ, अब तो
बस सूखे झरने सी
रह गयी हूँ मैं।

अगले पृष्ठ पर

तुम्हारी तपस्या हो तो
गंगा की धारा सी
बहेगी इधर जब
तो विश्वास का दम भर
फ़िर गीत सुनाऊंगी तुम्हें।

18. आज सुबह का समां

उनींदी सुबह,
बादलों ने डेरा डाला,
सिम सिम फुहारें
गीली छतों में
सुर खोजती हैं।

दूर मंदिर में
भगवान जगे हैं
घंटे बजे हैं
खुशबु उठी है।

समां बंधा है, कुछ ना कहो
बेहती नदी की ताल
बस आगोश में ले
सुनते रहो
बस सुनते रहो।

19. प्रश्नोत्तर

मैंने धरा के उदार सीने में
प्रश्नों के बीज बोये
कभी कुछ दिनों में
कभी महीनों मे
उत्तर आये
लाल, संतरी, बैगनी
कोमल लहलहाते
हरियाली में लिपटे
नन्हें बीज रंग और
सुगंध बन लहराए।

20. प्रकृति का प्रणय गीत

आज देवदार कुछ धुन्ध में छुपे यूँ हैं
धूप से शर्मा के बदन को ढकने
सर्द भोर में चादर सी लपेटी जैसे।

सुर्ख आसमान को देख लगता यूँ है
कान में भानु ने कहा है कुछ कुछ।

मन तरंगित है प्रकृति का ऐ पथिक
प्रेम के गीत सुनाने है लगी।

मंद हवा के झोंके अब चले
फूल भी मुस्काते हैं हिलोरे ले कर।

21. मृगतृष्णा

नींद नें हम सब
मृगतृष्णा के पीछे-पीछे
भागते हैं ।
मेरी खुशी, मेरा दुख
मेरी जोरु , मेरी ज़मीन
मेरी चाहत, मेरा जर
मेरी गाड़ी, मेरा घर।

बस मेरा, मैं और मुझे
के जाल की माया में फंस
एक भँवर से दूजे तक
बहते बहते
जब आँख खुलती है
तो पाते हैं
जी खाली, मन खाली
दिन खाली और जीवन खाली।

आंखें खोल, जीवन जी,
दुखी का बन सहारा,
प्राप्ति होगी अनश्वर की।

22. इकबाल का सूरज

जीवन डगर पे चलते चलते
एक समय तब आता है
मुश्किल देख के अपने आगे
मानुस का सर चकराता है।

विषम परिस्तिथि के भंवर से
कैसे नैया पार लगेगी?
जीवन अब पहाड़ के जैसा
ठौर दीखे, ना पार दिखे है
कैसे जूझे जटिल स्थिति से
सोच के सर टकराता है।

ऐ मानुष तू मेहनत के बल
गहन पसीने की बूँदों से
सिंचित अपनी राहें करना
तेरे ईकबाल के सूरज की
किरणें जब उनसे टकराएंगी
इन्द्र धनुष तब होगा निर्मित।

अगले पृष्ठ पर

गौरवमयी हो तेरी गाथा
तब तू ईश्वरांश कहलाएगा।

23. जाने दो!

जाने दो!
आवाज़ उठी है
मन के भीतर
समय हो गया
जाने दो तुम
वो सब बातें
कुंठित मन ने
जमा कर रखी
दिल के अंदर।

अचरज से तब
मैंने पूछा
क्या समय आ गया
अब जाने का
अभी तो कुछ दिन
पहले की है
बात जबकि मैं

अगले पृष्ठ पर

माँ के आंचल में
था छुप जाता।

समय बीतते
नहीं है लगता
पता किसी को
धीरे धीरे
रिस जाता जैसे
फूटे हुए
घड़े का पानी
तैयारी करने में
क्या डर है
समय आएगा
जब जाने का।

क्या क्या छोड़ूॅं
मन से पूछा
मीठा छोड़ूॅं
कड़वा छोड़ूॅं
भाव कयी हैँ
मन से पूछा
करूँ कहाँ से
शुरू मैं बोलो।

अगले पृष्ठ पर

समदर्शी हो
सब कुछ छोड़ो
जाने भी दो
सब भावों को
अच्छी बुरी
सभी चीजों को
दिल में क्यूँ है
भर के रक्खा
सब जाने दो।

गुड़ हो चाहे
शक्कर क्यूँ ना
फूल हो या हो
शहद पुराना
खट्टी हों या
कड़वी यादें
सभी भाव हैं
सड़ सड़ जाते
सब जाने दो।

समदर्शी हो
सभी भाव के
लिये बराबर
भाव रखो तुम
मन में अपने
दुख हो क्यों ना
खुशी हो चाहे

सब भावों को
जाने दो तुम।

बात पते की
कही है मन ने
जाने भी दो
यारों सब कुछ
जितना कम
बोझा रखोगे
उतना होगा
सरल तुम्हारा
जाना इस मायावी
जग से
जाने दो तुम।

24. आज मेरी आँखों से, संजय

गया तो तू मेरे दोस्त
एकदम जैसे किसी ने
साँसें खींच ली हो
अचानक।

याद आते हैं कई
गुजरे हुए वो लम्हे
जो हमनें बिताए थे
साथ साथ।

वो पांचील पर बैठ कर
दुनिया जहान की,
बातें करना, हंसी ठिठोली
बेबाकी।

चाय के कप पे कप
तेरी खुशमिजाजी

अगले पृष्ठ पर

तेरी हँसी, तेरे चुटकुले
कुछ कहानियाँ।

कैन्टीन की टेबल पर
तबले की थाप
बेसुरे, बेतुके गाने
मनभावन क्षण।

फिर हम सब अपने
चक्रव्यूह से जूझते
समय की धारा में बहे
निरंतर।

पर दोस्त हमारे
जब भी हम दूर से
एक दूसरे से बातें करते
परस्पर।

कभी भी ऐसा नहीं लगा
की हम एक दूसरे से
दूर बैठे हैं
विलग।

पर अब तो यार
तुम इतनी दूर चले हो
कि ये सिलसिला है खत्म
अचानक।

तेरी आवाज , तेरा चेहरा
तेरी कितनी ही बातें
बार बार याद आती हैं
नींद उड़ाती।

कौन जाने कहाँ हो तुम
पर ये है निश्चित
कि तुम हो यहीं
आस पास कहीं।

खुश रहना मेरे दोस्त
जहां भी हो तुम
कभी मिलेंगे जरूर
क्षितिज पार।

(यह कविता मैंने अपने एक अभिन्न मित्र के निधन पर बीते पलों को याद करते हुए लिखी थी.)

25. स्वर कोकिला को समर्पित

लता दीदी तुम चली गई
भव सागर तर
चिर निद्रा में गोते खाने
लता दीदी तुम चली गई।

कितने ही बच्चों को तुमने
हौले हौले लोरी गाकर
परियों के उस देश घुमाया
माँ को भी इक परी बनाया।

कर्ण में हौले गुनगुन कर
प्रणय के पल को किया था पूरण
प्रेयसी की मधुर आवाज बन बन
प्रियतम को है तुमने रिझाया।

अगले पृष्ठ पर

देवों तक आवाज को मेरी
कितनी बार है तुमने पुराया
हम भी गाते तुमसा बनकर
सोचा उनको हमने पाया।

और भी जीवन के सुख दुख को
निज आवाज में तुमको गाया
मेरे रोम रोम में बस कर
इस जीवन को तुमने तराया ।

वैसे तो हम नहीं मिले हैं
मैं अपने घर तुम अपने घर
फिर भी साँसें तेरी मेरी
घुली मिली हैं आज अनंतर।

कहने को तुम चली गई हो
पर तुम जीवित हर उर चित में
ब्रह्म के हर उस कण काया में
बस्ती रहोगी तुम चिरंतर।

26. फिर तेरी याद आई

इस रंग बदलती दुनिया में जब
श्याम और उजला रंग न मिला
मेरे दोस्त,
तब फिर तेरी याद आई।

कोलाहल भरे वात में जब
कुछ अर्थ भरा सुर ही न मिला
मेरे दोस्त
तब फिर तेरी याद आई।

मौसम बदला, बदला जब जब
पर ढूंढे से गर्माहट न मिली
मेरे दोस्त
तब फिर तेरी याद आई।

27. एक प्रेम पत्र

तुम
मेरे जीवन का संगीत
सुर और ताल हो तुम
मेरा दिल मेरी जान
मेरा ज्ञान मेरी पहचान
हो तुम।

तुम्हारी
सोच और चेतना
तुम्हारी
अदा और सम्वेदना
मेरा अस्तित्व अभिमान
हो तुम।

कैसे बताऊं
साँसों की गरमाहट
दिल की धड़कन
मेरी दोस्त

अगले पृष्ठ पर

मेरा संबल
मेरा अरमान हो तुम।

तुम में
देखा है मैंने
साहस और समझ
का समंदर
समान दर्शी
मेरी जान हो तुम ।

आज दिन है तुम्हारा
प्रार्थना है उत्तम स्वास्थ्य
रहो अटल सुन्दर सुदृढ़
इश्वर के वरदान
का सबसे उत्तम पात्र
हो तुम।

तुम्हारे प्रेम में डूबा
तुम्हारा हमेशा
मैं बेतुका पथिक।

28. माशीमा

माशीमा,
आपके जाने की खबर मिली
लगा कि हजारों परिंदे
आसमान में
कहीँ दूर उड़ चले हैं।

एक अजीब सी वीरानी है
जैसे पवन के झोंके
अचानक थम गए हैं
इक उदासी
मन में छायी है।

चाहे कितने ही साल से मैं
आपसे रुबरु न हुआ हूँ
पर आपसे अलग कभी भी
ख़यालों में
नहीं हुआ हूँ मैं

अगले पृष्ठ पर

आप माँ हो
और माँ हमेशा
बच्चों के रोम रोम मैं
बसती है
खून के कतरे की तरह।

कभी मैंने कहा नहीं पहले,
पर जब मेरी माँ
मुझसे दूर थी
तो आपकी ममता का
सहारा था मुझे।

उनकी याद सताने पर,
आपका प्रेम ही
संभालता था मुझे
लगता आसमान का आँचल
ढक लेता है मुझे।

एक अद्भुत शक्ति होती है
ममता में
ममता एक जहाज है
जो हमें हर सागर के
पार लगा दे ।

आज तुम नहीं हो
मैं जानता हूँ
ईश्वर को भी तो

माँ का आंचल
चाहता है।

मैं जानता हूं
तुम जहां भी होंगी
ईश्वर तुम्हें संजो कर
रखेगा अपने पास
चिरकाल तक।

माशीमाँ
अब तुम भी
ईश्वर की नैया में
भव सागर के पार रहोगी
हमेशा।

मुझे याद रखना
एक नैया मेरी भी
पार कराना
क्योंकि मैंने भी
तेरी ममता का
रस चखा है माँ ।

29. सहरी

मेरे छोटे से गांव में
दिनों के बाद
बादल छटे हैं
हल्की हवा के झोंके
चारों ओर फसल
लहराती हरियाली है
आंगन में खिली धूप
मनमोहक समा है।

दरवाजे पर छोटे छोटे
हाथों की दस्तक
खोलता हूँ तो
तीन छोटे छोटे बच्चे
चेहरे पर भोली मुस्कान
उत्सुकता का भाव।

नन्हें हाथों में
हरी दूब के पत्ते

अगले पृष्ठ पर

मेरी तरफ बढ़ाए
प्यारी आवाज में
मेरे पाँव छू कहते हैं
अंकल हैप्पी सहरी।

मैंने नाम पूछ
आशीर्वाद की थपकी दे
पूछा
सहरी क्या है
खिसिया के बोले
नहीं पता अंकल।

उनके हाथों में
कुछ सेब कुछ मिठाई दी
बच्चे खुशी खुशी
फुदकते अगले घर
की ओर अग्रसर।

इन्हे देख एहसास हुआ
ये अभी के क्षण में जीते
कल से हैं अनजान
बचपन की बेफिक्री
खुले आसमान के नीचे
कितनी खुशी है फैलायी।

मैं भी जी लूँ
बचपन के दिन

इनके साथ साथ।

बचपन तो वापस आता नहीं
बचपन की खुशी तो
आसानी से प्राप्त
कर सकते हैं पथिक
बस कुछ इधर बाँटो
कुछ उधर बाँटो
खुशी कई गुणा होती है
छलकती है चहुं ओर
होठों की मुस्कान
प्रतिबिम्बित होती है
बारंबार।

(Sehari or Sair, a festival marking end of summers and start of winters, is a harvest festival celebrated in large parts of Himachal Pradesh)

30. Somewhere man

I have been walking
Ever since i was born
Travelling places
Unseen and unknown.

Oh, my friends
I am the Nowhere man.

I walk in my dreams
I dream of the unknown
I dream in all colors
I dream when alone.

Oh, my friends
I am the Nowhere man.

I've travelled places
I've travelled over land

Continued

On skies and seas
I'm a one man band.

Oh, my friends
I am the Nowhere man.

Sometimes I'm lost
And sometimes found
Where will i reach
Questions do abound.

Oh, my friends
I am the Nowhere man.

Is this my destiny
My story my friend
Is there a reason
Why I was born.

Oh, my friends
I am the Nowhere man.

And life it passes
What did I do
Questions abound
They fill my mind.

Oh, my friends
I am the Nowhere man.

Life is to help
The suffering mankind
What did I gain
What did I find.

Oh, my friends
I am the Nowhere man.

Material I'm not
Neither unkind
When people smile
I think I'm found

Oh, my friends
I am the Somewhere man.

31. Seeking

I walked on the road
Less traveled
To the lodestone
That draws me
To uncertainty.

The weight of desires
Needs and wants
Drawing my shoulders
Down.

Liberation, liberation
Words in the head
From what
I know not.

32. The legend of the Celestial throne at Naggar castle

Ten thousand bees
Lifting the celestial
Black stone
Wonderment
A Mystery.

Seat of wisdom
And justice
Of reason
Of belief.

Legend in a land
Of Gods

Continued

And Goddesses
Of bhakti
And folklore.

Mystical
Magical
Verdant
Clean.

(A song about the large black stone, the celestial throne of the kings of Kullu valley)

33. A day in the mountains

Marbled blue sky
Whisper of breeze
Shaded by the green
Of silent pines.

Filigree of needles
Of majestic Deodars
Lanced by the rays
Of the setting sun.

A call to return home
By the singing birds
Knitting the clouds
with their flight.

The still air
Bringing fresh mist

Continued

Breath of the valley
To the hill tops.

Tapestry by the gods
On nature's broad canvas
Breathing, breathing
The freshness of it all.

34. Invert yourself

Say the poets and poetesses very true
The older the trees and mountains
The stronger and loftier they grow
Many beings do they keep safe
In the hollows and their caves
Let us dwell right my friends
Are we wasted and weak
Or in our mind we let go
Of our strength and lo
Become a caricature
Of the past years
So arise dear friends
Strengthen and resolve
You're the giver the creator
The deep mine of knowledge
In you lies happiness and smiles
That the world seeks but you know
Bring to them the pearls the jewels all
T'is not for us to give up, not now never

35. To my friends

Good morning
Dear people who I wake up to
As a matter of daily route.
Who bring cool climes and warm sun to life
And the breeze from yon times begone.

Thank you my friends, thanks anon
For the spring of time flows fast
Lest it be late, or later still
My feelings I do pass.

Friends, we shared a lovely past
With some we share our today
To long for a shared huddle again
Cannot be a wish that God will stay.

So I do pray again for a good morn today
And the future, may it shine so bright
Happy, free from care and all
Stay safe till we meet again.

36. अंधड़

आज सोच के
काले बादल
घिरे हैं
मन मस्तिष्क में।

क्या किया है
जिंदगी का सफर
तय करते करते
क्या जीवन बेमानी है
या जीवन के सफर
की है कोई मंज़िल।

रोष से भर गया
एकदम अचानक
ये मन लेकिन
फिर भी टटोला
अंतर्मन को मैंने।

अगले पृष्ठ पर

एक आवाज उठी
पूछो तो तुम
जिंदगी से
वो प्रश्न जो
रह गए हैं दबे।
कुछ हिचकिचाते
जिंदगी से
मैंने हिसाब माँगा।

उन घावों का
जो मैंने
चलने की कोशिश में
खाए थे कोहनी पे
घुटनों पे।

हिसाब माँगा मैंने
उन आंसुओं का
जो कितनी ही बार
ढलके थे मेरी आंखों से।

कुछ ज़माने की मार से
कुछ दोस्तों की तकरार से
कुछ कच्चे प्यार से।

हिसाब माँगा मैंने
हर उस हार का
हर उस मार का

जो मैंने पायी।

आज जिंदगी से
मैंने हिसाब माँगा।

जिंदगी चुप थी
फिर मुस्काई फिर हंसी
हाथ पकड़ बिठाया
फिर बोली।

अच्छा है पूछा तुमने
वह सवाल जिनने
किया है बवाल तुम्हारे
दिमाग का।

मन को हल्का करना
जरूरी है
जीने के लिए
इतने प्रश्न और संदेह
नहीं हैं भले।

मन को मात्र
स्याह रंग में
ना डुबोया रखो
ये तो सतरंगी है
हर रंग का
मजा चखो।

जिंदगी का जवाब
गहराई में उतर
घर कर गया
उन सब खूबसूरत यादों
कि तिजोरी का
ताला खुल गया।

जीवन अंतरंगी है
विचार मन में कौंधा
ये निराला है
इसे हर कोण
से जियो
उजले और अंधेरे
को जीना ही
जीवन है।

www.ingramcontent.com/pod-product-compliance
Lightning Source LLC
La Vergne TN
LVHW022022200926
848481LV00007B/2498